FINANCES.

NOUVELLES
OBSERVATIONS

SUR LA VENTE

DES BOIS DE L'ÉTAT,

Par Etienne Martel.

PARIS,

Imprimerie de Dondey-Dupré,

Rue St.-Louis, N°. 46, au Marais, et rue Neuve St.-Marc, N°. 10.

1817.

NOUVELLES OBSERVATIONS

SUR LA VENTE

DES BOIS DE L'ÉTAT.

Dans un Écrit sur les Finances, publié en 1816 :

1°. Je démontrai la nécessité de vendre 400 mille hectares de Bois, comme la ressource la plus convenable et la moins onéreuse pour l'État.

2°. Je m'opposai, en en signalant tous les inconvéniens, à ce qu'on fît la banqueroute sur les créances de l'arriéré, ainsi que sur l'emprunt de cent millions, dont je proposais le remboursement en cinq ans et par cinquièmes, en payant l'intérêt à 5 p^r. o/o l'an.

3°. Enfin, je fis sentir la nécessité d'avoir une caisse d'amortissement fortement dotée.

Je crois avoir démontré, d'une manière claire, précise et même incontestable, que le Gouvernement, en vendant 400 mille hectares de Forêts, évaluées à 300 millions, au lieu d'inscrire cette somme sur le Grand-Livre, gagnait annuellement 12 millions, qui, réunis aux intérêts pendant vingt ans, assuraient à l'État un bénéfice de 260 millions.

Voici comme je le prouve :

400 mille hectares de Bois estimés à 750 fr. l'hectare, produiront 300 millions, qui, à 2 p\`. o/o de revenu net, donnent au Gouvernement. 6,000,000

En consolidant cette somme sur le Grand-Livre, à 5 p\`. o/o, l'État payera annuellement. . . 15,000,000

C'est donc une économie annuelle, qui ne peut être contestée, de. 9,000,000

Je puis ajouter encore, sans craindre d'être accusé de la plus petite exagération, que ces Bois, entre les mains des particuliers, produiront au Gouvernement, trois millions de plus, et les calculs qui vont suivre le prouveront :

1°. On peut évaluer l'imposition foncière à $1/2$ p^r. o/o, et en porter le produit à   1,500,000

2°. Le droit éventuel de succession, en prenant sur les divers tarifs le terme moyen $1/4$ p^r. o/o, produira   750,000

3°. Le droit sur les ventes, partages , transactions , transcriptions; on peut les évaluer de même à $1/4$ 750,000
                                                          ─────────
                                                          3,000,000

Il est à remarquer qu'après l'expiration de vingt années, le Trésor public jouira indéfiniment du revenu de trois millions ci-dessus détaillé.

Mes calculs ont été établis comme si le Gouvernement empruntait à 5 pour cent l'an ; ses effets, au contraire, se négocient au moins à 10 : je trouve donc un résultat doublement avantageux.

Je ne sache pas qu'il existe rien de plus certain que ce que je viens de présenter ; si les personnes qui s'opposent à l'aliénation des bois parviennent à me réfuter, ce que je suis loin de croire, alors et seulement alors, il sera permis d'adopter tout autre système que l'évidence combat, que la bonne foi réprouve, et dont la ressemblance avec les théories immorales des Financiers de la révolution, est bien faite pour épouvanter.

Je ne conçois pas que l'on puisse s'opposer à des mesures aussi justes, quand elles donnent d'aussi puissantes ressources, les seules convenables pour s'acquitter honorablement. Je crois voir un propriétaire obéré, qui, en aliénant une partie de ses biens, peut éteindre ses dettes, et qui s'obstine à conserver ses ruineuses propriétés; il creuse avec de nouveaux emprunts l'abîme qui va s'ouvrir sous ses pas.

Quelles déplorables ressources proposent donc ceux qui s'opposent à cette vente? Des réductions de traitemens, des places à supprimer sans examen, et peut-être sans utilité. Pense-t-on, avec des moyens aussi étroits, combler un déficit de 300 millions? On ne peut maîtriser un sentiment de surprise en voyant professer sur la théorie du crédit public une doctrine aussi erronée.

Je suis à concevoir comment on peut se perdre dans des calculs inutiles, quand on a sous sa main de quoi faire face à la majorité des charges. Je ne saurais assez le répéter, le salut de nos Finances n'existe principalement : 1°. que dans la Vente de la totalité des Bois; 2°. dans un Emprunt sagement combiné; 3°. avec des Économies que les circonstances prescrivent; 4°. dans une Caisse d'Amortissement dotée de manière à maîtriser une trop grande émission de Rentes : c'est une digue nécessaire pour retenir les eaux d'une écluse qui pourrait inonder, qui a besoin d'être maintenue pour soutenir le crédit public.

J'ai rempli le devoir d'un Sujet fidèle; j'ai prévu les dangers, indiqué les maux, présenté les remèdes; puissé-je convaincre ceux qui sont appelés à prononcer, et mettre leur conscience d'accord avec leur jugement.

Paris, ce 15 Février 1817.

Etienne Martel.

www.ingramcontent.com/pod-product-compliance
Lightning Source LLC
Chambersburg PA
CBHW071704030726

47598CB00005B/2232